AF215826

Tucholsky Wagner Zola Scott Sydow Freud Schlegel
Turgenev Wallace Fonatne
Twain Walther von der Vogelweide Fouqué Friedrich II. von Preußen
Weber Freiligrath Frey
Fechner Fichte Weiße Rose von Fallersleben Kant Ernst
Hölderlin Richthofen Frommel
Engels Fielding Eichendorff Tacitus Dumas
Fehrs Faber Flaubert
Eliasberg Ebner Eschenbach
Feuerbach Maximilian I. von Habsburg Fock Eliot Zweig
Ewald Vergil
Goethe Elisabeth von Österreich London
Mendelssohn Balzac Shakespeare Dostojewski Ganghofer
Lichtenberg Rathenau Doyle Gjellerup
Trackl Stevenson Hambruch
Mommsen Tolstoi Lenz Hanrieder Droste-Hülshoff
Thoma von Arnim Hägele Hauff Humboldt
Dach Verne
Karrillon Reuter Rousseau Hagen Hauptmann Gautier
Garschin Baudelaire
Defoe Hebbel
Damaschke Descartes
Hegel Kussmaul Herder
Wolfram von Eschenbach Dickens Schopenhauer
Bronner Darwin Melville Grimm Jerome Rilke George
Campe Horváth Aristoteles Bebel Proust
Bismarck Vigny Barlach Voltaire Federer Herodot
Gengenbach Heine
Storm Casanova Tersteegen Gilm Grillparzer Georgy
Chamberlain Lessing Langbein Gryphius
Brentano Lafontaine
Strachwitz Claudius Schiller Kralik Iffland Sokrates
Bellamy Schilling
Katharina II. von Rußland Gerstäcker Raabe Gibbon Tschechow
Löns Hesse Hoffmann Gogol Wilde Gleim Vulpius
Luther Heym Hofmannsthal Klee Hölty Morgenstern Goedicke
Roth Heyse Klopstock Kleist
Luxemburg Puschkin Homer Mörike Musil
La Roche Horaz
Machiavelli Kierkegaard Kraft Kraus
Navarra Aurel Musset Moltke
Lamprecht Kind Kirchhoff Hugo
Nestroy Marie de France
Laotse Ipsen Liebknecht
Nietzsche Nansen Ringelnatz
Marx Lassalle Gorki Klett Leibniz
von Ossietzky May
vom Stein Lawrence Irving
Petalozzi Knigge
Platon Pückler Michelangelo Kafka
Sachs Poe Liebermann Kock
de Sade Praetorius Mistral Zetkin Korolenko

Der Verlag tredition aus Hamburg veröffentlicht in der Reihe **TREDITION CLASSICS** Werke aus mehr als zwei Jahrtausenden. Diese waren zu einem Großteil vergriffen oder nur noch antiquarisch erhältlich.

Symbolfigur für **TREDITION CLASSICS** ist Johannes Gutenberg (1400 — 1468), der Erfinder des Buchdrucks mit Metalllettern und der Druckerpresse.

Mit der Buchreihe **TREDITION CLASSICS** verfolgt tredition das Ziel, tausende Klassiker der Weltliteratur verschiedener Sprachen wieder als gedruckte Bücher aufzulegen – und das weltweit!

Die Buchreihe dient zur Bewahrung der Literatur und Förderung der Kultur. Sie trägt so dazu bei, dass viele tausend Werke nicht in Vergessenheit geraten.

Höchst weltliche Sündenfibel

Fred Endrikat

Impressum

Autor: Fred Endrikat
Umschlagkonzept: toepferschumann, Berlin

Verlag: tredition GmbH, Hamburg
ISBN: 978-3-8495-2984-0
Printed in Germany

Text der Originalausgabe

Fred Endrikat

Höchst weltliche Sündenfibel

Moralische und »unmoralische« Verse

Buchwarte-Verlag
Berlin

[1940]

Die Sünde ist auf dieser Welt
wie roter Mohn im Ährenfeld.
Man jätet ihn als Unkraut aus
und windet ihn zum Blumenstrauß.

Apfel und Feigenblatt

Der Apfel und das Feigenblatt,
das sind die zwei Symbole,
die uns ein Gott gegeben hat
zum Weh und teils zum Wohle.

Durch Apfel und das Feigenblatt
kam Adam zur Erkenntnis.
Wie schade, – ein Eunuche hat
dafür gar kein Verständnis.

Der Apfel und das Feigenblatt
sind wicht'ge Utensilien
und sehr beliebt in Land und Stadt
von Grönland bis Brasilien.

Die beiden Dinge sind antik,
doch unbedingt von Nöten,
so wichtig wie in der Musik
die Pauken und Trompeten.

Der Apfel ist nebst Feigenblatt
nicht nur für seine Leute,
der größte Menschenfresser hat
auch daran seine Freude.

Der Apfel und das Feigenblatt,
sie stürzten Fürstenthrone
und setzten Könige schachmatt
mit Zepter samt der Krone.

Der Apfel und das Feigenblatt,
sie stimmen uns vergnüglich,
und machen sie uns auch nicht satt,
sie munden ganz vorzüglich.

Dem Herrn sei Lob und Preis und Dank,
der uns dies einst gegeben.

Ich möcht' mein ganzes Leben lang
vom Sündenfallobst leben.

Der mondäne Vamp

Ich schlürfe die Liebe wie Sekt aus dem Glas,
ich verzehr' mich, ernähr' mich durch Liebe.
Ich bin halt ein Vamp, ein papierenes Aas,
ich liebe die kitschige Liebe.
Ich brauch' Zigaretten, rotes Licht am Kamin,
ein Pyjama, exotisch geschnitten,
ein Eisbärenfell und Schallplattolin.
Zur Liebe brauch' ich Requisiten.
Und sonst gar nichts.

Männer umschwirrn mich – wie Motten ums Licht,
ihr Pulver rollt mir in die Tasche.
Und wenn sie verbrennen, ja, dafür kann ich nicht.
Hei – wie ich die Männer vernasche.
Heut flieg' ich auf diesen – und morgen auf den.
Meine Pulse vor Leidenschaft strotzen.
Ich finde mich selber so schrecklich mondän,
ich finde mich selbst oft zum Kotzen.
Und sonst gar nichts.

– und vergib uns unsre Schuld

Es ist ganz gleich, ob Preuße oder Schwabe.
Verstehen und Verzeihen heißt das menschlichste Gebot.
Jedweder Mensch hat etwas Kot an seinem Stabe,
doch einer streicht's dem andern sanft aufs Butterbrot.

Beständigkeit

Holt man ein Schwein vom Stall zur Beletage
und wickelt es in Samt und Seide ein
und bindet eine Maske ihm vor die Visage,
an seinem Ringelschwanz erkennt man doch das Schwein.

Stammbuchvers

Es ist so schön, im Frühling wohlzuriechen,
obwohl ich sonst kein großer Lüstling bin.
Ich wollte meinem Herrn Direktor in den Hintern kriechen,
doch leider saßen schon ein Dutzend Prominente drin.

Wochenbrevier

Am Montag fängt die Woche an.
Am Montag ruht der brave Mann,
das taten unsre Ahnen schon.
Wir halten streng auf Tradition.

Am Dienstag hält man mit sich Rat.
Man sammelt Mut und Kraft zur Tat.
Bevor man anfängt, eins, zwei, drei,
bums – ist der Dienstag schon vorbei.

Am Mittwoch faßt man den Entschluß:
Bestimmt, es soll, es wird, es muß,
mag kommen, was da kommen mag,
ab morgen früh am Donnerstag.

Am Donnerstag faßt man den Plan:
Von heute ab wird was getan.
Gedacht, getan, getan, gedacht.
Inzwischen ist es wieder Nacht.

Am Freitag geht von alters her,
was man auch anfängt, stets verquer.
Drum ruh dich aus und sei belehrt:
Wer gar nichts tut – macht nichts verkehrt.

Am Samstag ist das Wochen-End,
da wird ganz gründlich ausgepennt.
Heut anzufangen, lohnt sich nicht.
Die Ruhe ist des Bürgers Pflicht.

Am Sonntag möcht' man so viel tun.
Am Sonntag muß man leider ruhn.
Zur Arbeit ist es nie zu spät.
O, Kinder, wie die Zeit vergeht.

Alpdrücken eines Schuldbewußten

An der Quelle sitzt der Knabe,
und der Hund sitzt auf der Schwelle.
Auf dem Baume sitzt der Rabe,
droben sitzet die Kapelle.
An dem Halse sitzt der Kragen,
an dem Fuße sitzt der Schuh,
und mir sitzt ein Schreck im Magen:
Warte nur – bald sitzt auch du.

Die Bauchtänzerin

Hei – wie ihr Bauch sich lichterloh gen Himmel schwingt,
Jedweder Zoll an ihm ist orientalisch.
Ha – wie der Nabel schelmisch um die Ecke blinkt,
er wirbelt rhythmisch, bachanalisch, musikalisch.
Es dünkt dich schier wie eine Mär aus tausend-eine Nacht,
wenn dieser Bauch im Abendwinde schaukelt.
Wenn dieser Nabel seine tollen Sprünge macht,
ist es, wie wenn dich eitel Frühlingsföhn umgaukelt.
Es rauscht und raschelt auf- und niederwärts,
nach vorn und hint', inmitten Perlen, Straß und Flittern.
Ja, dieser Bauch, fürwahr, der greift ans Herz.
Gleich Espenlaub fühlt man die Nerven zittern.
Ereilt die Tänzerin dereinst das Ehelos,
dann ruht sie aus nach Wetter, Sturm und Hagel.
Sie legt die Beinchen selbstgefällig in den Schoß,
den müden Bauch hängt sie dann an den Nagel.
Der Nabel schleußt das matte Auge zu,
dann hat der Bauch und die Reserve Ruh.

Der Prinzipienreiter

Ein altes Prinzip sagte zu seinem Reiter:
»Steig ab, o Herr. Ich kann nicht mehr weiter.
Verschone mich endlich. Es wäre mir lieb,
du suchtest dir ein neues, beßres Prinzip.«
Der Reiter aber meinte mit ernstem Gesicht:
»Schon aus reinem Prinzip geht so was nicht.
Ich reite dich weiter – ganz einerlei –
und sei es – bis in die Abdeckerei.
Meine Prinzipien sind prinzipiell
bis auf die Knochen – bis auf das Fell.«
So sprach der Reiter zu seinem Prinzip,
gab ihm die Sporen und auch einen Hieb.
Prinzip ist Prinzip – ganz unbestritten.
So werden Prinzipien zu Tode geritten.
Aber was ein richtiger Prinzipienreiter ist,
der wirft selbst ein totes Prinzip nicht auf den Mist.
O nein – er läßt es gerben und stopft es aus
und reitet es als Steckenpferdchen nach Haus.
Ja, wozu wären sonst die Prinzipien da?
O, Santa Konsequentia. –

Potenz

Ein armer Narr, der sich vermißt,
der Dummheit Oberflächen zu ergründen.
Die allergrößte Klugheit ist:
sich mit der allergrößten Dummheit abzufinden.

Rat

Der Mensch soll stets auf Gott vertrauen
und soll sich hüten vor den Flauen
und vor den Unbeständigen
und Hundertzehnprozentigen.

Der Ehemann

Im Stalle schaukelt Mutter Ziege
die kleinen Lämmlein in der Wiege.
Sie stillt sie, legt sie sanft zur Ruh
und blökt ein Schlummerlied dazu.
Von abends spat bis früh zum Morgen
muß sie die Kleinen treu besorgen.
Der Ziegenbock steht nebenan
und denkt bei sich als Ehemann:
Was gehn den Bock die Lämmer an? –

Weltanschauung

Der Sommer färbt die Äpfel rot,
die Trauben und die Beeren.
Der Mohn in Farbenflammen loht,
sein Leuchten zu entzünden droht
die strahlend gelben Ähren.

Nur Farbenpracht, wohin man schaut,
wohin man hört, ein Klingen.
Der weite Sommerhimmel blaut,
in lichten Höhen jubelnd laut
die kleinen Lerchen singen.

Der Maulwurf in der Erde gräbt,
weiß nichts von diesen Dingen.
Er hat das Schöne nie erlebt.
Der Finsterling nach unten strebt
und wühlt nach Engerlingen.

Es findet jeder, wie er kann,
auf seine Art Erbauung.
Schaut man die Welt von oben an –
von unten – so hat jedermann
die beste Weltanschauung.

Pessimismus

Es starb E. T. A. Hoffmann und Napoleon,
es starb der junge Mozart und der alte Blücher,
es starb der Große Kurfürst und Pipin des Kleinen Sohn,
kurzum: man ist sich seines Lebens nicht mehr sicher.

Anatomie

Man soll im Leben stets nach oben trachten
und darf dabei das Unten nicht verachten.
Es muß ein Oben und ein Unten geben.
Der klügste Kopf kann ohne Gegenteil nicht leben.

Zoologie

Auf diesem schönen Erdenrund
ist jedes Ding an seinem Platz.
Der Hundekorb ist für den Hund,
der Völkerbund ist für die Katz.

Eheharmonie

Ich hab' ein kleines Wetterhaus,
da geht ein Ehepaar ein und aus.
Doch sieht man beide nie zu zwei'n,
ein jeder geht für sich allein.
Bei schönem Wetter kommt sie raus
aus ihrem kleinen Wetterhaus.
Das ärgert ihn, drum bleibt er drin.
Wenn's regnet, geht sie wieder rin.
Erst wenn sie drin ist, kommt er raus
aus seinem kleinen Wetterhaus.
Das ärgert sie – drum bleibt sie drin.
Wenn's schön wird – geht er wieder rin.
Erst wenn er drin ist – kommt sie raus
aus ihrem kleinen Wetterhaus.
Das ärgert ihn – er kommt in Wut.
Sie geht rein – wenn es regnen tut.
Erst wenn sie drin ist – kommt er raus
aus seinem kleinen Wetterhaus.
Das ärgert sie – sie ist ergrimmt.
Er geht rein, wenn das Sönnchen kimmt.
So geht es nun tagein, tagaus,
sie raus – er rein – er rein – sie raus.
Einmal kommt er – einmal kommt sie,
das nennt man Eheharmonie.
Somit wär' die Geschichte aus
vom Ehepaar im Wetterhaus.

Der triftige Grund

Freunde, die Sonne scheint, lasset uns trinken,
hebet die Becher und führt sie zum Mund.
Seht, wie die Strahlen im Wein lieblich blinken,
Sonne ist immer ein triftiger Grund.
Trinket den goldnen Wein,
trinket den Sonnenschein.
Rund ist die Erde, die Erde ist rund.
Freunde, die Sonne scheint, das ist ein Grund.

Freunde, der Regen fällt, lasset uns trinken.
Glaubt mir, im Herbst ist das Trinken gesund.
Seht, wie die feindlichen Nebel dort sinken,
Regen ist immer ein triftiger Grund.
Träufelt das edle Naß
wie in ein Regenfaß.
Rund ist die Traube, die Traube ist rund.
Freunde, der Regen fällt, das ist ein Grund.

Freunde, bald schneit es, drum lasset uns trinken,
laßt uns genießen die fröhliche Stund.
Seht, wie die Nasen im Kerzenschein blinken,
Schnee ist zum Trinken ein triftiger Grund.
Trinke im Lenz und Herbst,
trinke, bis daß du sterbst.
Bunt ist das Leben, das Leben ist bunt.
Freunde, zum Trinken ist immer ein Grund.

Am Straßenrand

Man sitzt am Straßenrand auf einem Kilometerstein
und läßt die andern stolz vorüberschreiten.
Man sieht sie latschen, hinken, stolpern oder gleiten,
und jeder möcht' gern etwas mehr und schneller als der
andre sein.
Die Kleinen buffen sich nach vorwärts, grob und ungezo-
gen,
in ihrem Tun liegt – wenn auch – aber Ehrlichkeit.
Die Großen machen sich mit satter Würde breit
und schieben sich nach vorn mit eleganten Ellenbogen.
Man sieht die Kleinen groß – die Großen wieder klein
und langsam häßlich werden.
Der ständige Wettkreislauf auf Erden
ist immer gleich – und immer wieder interessant.
Man sitzt am Straßenrand,
schaut ihnen nach – und lächelt hinterdrein.

Seufzerfamilie

Ein Seufzer schwebte ganz allein
hoch über einem Birkenhain.
Der Seufzer seufzte tief und schwer:
»O weh, o weh, es quält mich sehr,
daß ich ein männlicher Seufz-er.
Ich wünsche Seelensympathie
mit einer weiblichen Seufz-sie.«
Der Seufzer war so intensiv,
daß er sein Weib ins Leben rief.
Bevor der Mond am Himmel hing,
der Seufz-er die Seufz-sie umfing.
Er herzte sie und küßte sie:
»Du meine einzige Seufz-sie.«
Sie seufzten glücklich alle zwei,
ach, war das eine Seufzerei.
Sie gingen ineinander auf,
und, siehe da – am Morgen drauf
thront auf der Birke als Prinzeß
ein kleines, winziges Seufz-es.
Es tönte lieblich durch den Mai
jetzt die Familienseufzerei
wie ein gefühlsharmonisches
Konzert von Seufz-er, -sie und -es.
So war es – so wird's immer sein:
Ein Seufzer kommt niemals allein.

Moralin

Deutsche Frau, betrage dich,
wie es sich gezieme.
Deutsche Hausfrau: Rauche nicht.
Deutsche Dame: Prieme.

Philosophie

Man schafft so gern sich Sorg und Müh
und sucht nach Dornen unverdrossen.
Ich fand im Leben alles, nur eines fand ich nie,
und zwar: ein Negerweib mit Sommersprossen.

Binsenweisheit

Wenn dich mal eine Mücke sticht,
dann treib sie weg und groll ihr nicht.
Wenn jemand Böses von dir spricht,
dann dreh dich um und hör es nicht.
Sticht eine Wanze dich zu Haus,
dann räuchre deine Betten aus.

Kleines Selbstgespräch

Der Himmel zieht die Stirne kraus,
er ist so bleich und blaß.
Der Himmel schaut so wütend aus.
Mir scheint, er muß einmal hinaus.
Paß auf – er macht uns naß.

Die ersten Tropfen fallen schon.
Verflucht und zugenäht.
Den Kragen hoch, mein Kronensohn.
Mein Regenschirm, der lächelt Hohn,
weil er zu Hause steht.

Von oben feucht, von unten feucht,
von hinten und von vorn.
Der Sturmwind mit dem Hut entfleucht.
Die gute Laune ist verscheucht,
der ganze Leib voll Zorn.

O, grolle nicht und schmolle nicht
und komme nicht in Wut.
Bedenke, lieber Erdenwicht:
Der kleinste Ärger lohnt sich nicht.
Der Himmel meint es gut.

Sieh dort die Regenbogenpracht,
sie zeigt dir deutlich, wie
man eine heitre Miene macht.
Wie schön, wenn man sich selbst belacht.
Das ist – Selbstironie.

Erotisches Wechselspiel

Sie lagen hinterm Gartenzaun
und waren lieblich anzuschaun,
fürwahr, ein Pärchen wundervoll,
die Gurke Knill und Kürbis Knoll.
Er schielte schon seit langer Zeit
verliebt hin zu der Gurkenmaid
und brachte ihr ein Ständchen still:
»Dein ist mein Herz, geliebte Knill.«
Sie aber sagt mit stolzem Blick:
»Nee, nee, Sie sind mir viel zu dick.
Verehrter Herr, Sie sind wohl toll.
Das Fett muß weg, mein lieber Knoll.«
Er grämte sich und härmte sich
und schwärmte innigminniglich.
Er schwoll und schwoll noch Zoll um Zoll.
Schwermütig weinte Kürbis Knoll.
Doch nach und nach und mit der Zeit
ward aus der schlanken Gurkenmaid
ein ganz verschrobenes Idyll,
und Runzeln kriegte Fräulein Knill.
So kam denn auch im Lauf der Zeit
der Ausgleich der Gerechtigkeit.
Sie wölbte sich und wurde krumm,
und Wärzlein wuchsen ringsherum.
Die Warzen wuchsen schnell heran
und an den Warzen Borsten dran.
Auch Falten kämen ebenso
vorn an der Nase und am Po.
In einer lauen Sommernacht
ihr Hochmut ward zu Fall gebracht.
Sie seufzt: »Wenn du noch willst – ich will.«
Da grinste Knoll, es schmollte Knill.
Der dicke Kürbis neckte sie:
»Schön siehste aus, du Borstenvieh.
Das kommt davon, siehst du, mein Gold.
Warum hast du nicht längst gewollt?«

Sie schlug verschämt die Augen zu
und lispelt: »Ach, du Loser, du.«
Bald färbt der Herbst die Blätter braun,
und es wird still am Gartenzaun.
Der Gärtner pflückt die Körbe voll,
er pflückte Knill und auch den Knoll.
Nun schwelgen beide, Kopf an Kopf,
vereint im großen Einmachtopf,
in Zucker, Essig, Öl und Dill,
sowohl der Knoll wie auch die Knill.
So geht es auch im Leben oft:
Was man erwünscht und was man hofft,
das kommt so –wie es kommen soll,
genau wie hier bei Knill und Knoll.
Die Schönheit schwindet mit der Zeit.
Die Liebe währt in Ewigkeit
bei Gurken und den Damen.
Amen.

Pessimist im Lenz

Die Sonne lacht. Ja, ja – die hat gut lachen,
sie steht am Himmel – frisch, fromm, frei und froh.
Wenn ich die Sonne wär' – ich würd' es auch so machen.
Mir geht mit Grundeis leider der Popo.

Der Flieder blüht. Ja, ja – der hat gut blühen,
ihn schützt der Zaun und eine Gartentür.
Er ist geschützt vor Ochsen und den Kühen.
Ich stehe außerhalb – und wer schützt mir?

Die Amsel lockt. Ja, ja – die hat gut locken,
sie sitzt im Baum, es jubelt fern und nah.
Es jubeln alle Kirchen, Kuh- und Käseglocken:
Der Lenz und der Gerichtsvollzieher sind da.

Der rasierte Kaktus

Ein Kaktus wollte imponieren
und ließ die Stacheln abrasieren.
Bald merkte er zu seinem Schreck:
Das Beste war nun von ihm weg.
Als letzter Rest verblieb zum Schluß
vom ganzen Kaktus nur der – – tus.
So geht's den Menschen und den Affen:
Bleib das – wozu dich Gott geschaffen.

Lied vom alten Ofen

Ein Ofen steht einsam und abgehärmt
auf dem Hof in der Sonne, wo er sich wärmt.
Vom Rost verschandelt, mit Ruß beklebt,
so hat er den letzten Frühling erlebt.
Er hat zum Zimmer hinausgemußt,
dieweil er im Winter zu sehr gerußt.
Jetzt geht er bald ein zur ewigen Ruh.
Warte nur, balde rußest auch du!

Spießer-Sonntag

Der Sonntag latscht gemächlich durch die Gassen,
nach Mottenpulver stinkt sein Bratenrock.
Die Stiefel hat er sich vom Freitag wichsen lassen,
die Silberkrücke glänzt im Sonnenschein am Stock.
Die gute Hose hat er angezogen,
doch sie beträgt sich ziehharmonikanisch dann und wann.
Sein Schnurrbart wallt empor in majestätem Bogen,
und etwas Nudelsuppe hängt von neulich dran.
Stolz wie ein Helm krönt ihn sein Hochzeitshalbzylinder,
die Nase ist leicht angebläut vom Wein.
Die Alten grüßen ihn, es knixen alle Kinder,
des Abends dirigiert er im Gesangverein.
Schlägt dann vom Turm die Glocke zehne,
legt er die Röllchen ab samt Chemisett.
Das Unterbeinkleid hängt er an die Sofalehne,
           (nur im Sommer)
dann kriecht der Sonntag in sein buntkariertes Bett.

Sommerfrische

Man soll nicht in die Sommerfrische gehen,
man wird doch seines Lebens nicht so richtig froh.
Ob da nun Berges- oder Meereslüfte wehen,
auf dem Balkon zu Hause weht es grade so.
Man wird gepiesackt von den Schnaken und den Mücken,
im Meer die Quallen sind auch nicht sehr angenehm.
Und dann an alle Welt das Ansichtskartenschicken.
Nee, nee, mir ist schon mies von alledem.
Ich frage Sie: ist das vielleicht Erbauung,
wenn man da schwitzend auf die Berge klimmt?
Und dann: das fremde Wasser stört mir die Verdauung.
Laß mich in Ruh mit diesem ganzen Zimt.
Was brauch ich Schwarzwald? Ich hab' eine Edeltanne
und laß' den Ventilator durch mein Zimmer wehn.
Statt in den See, kriech' ich in meine Badewanne.
Nee, nee, man soll nicht in die Sommerfrische gehn.

Vorfrühlingsnacht

Letzte Schritte wankender Gestalten
in der Morgendämmerung verhallten,
und der brave Bürger schnarcht im warmen Nest.
Hinter grauen Mauern wohlgeborgen
träumt man, zwischen Nacht und Sonntagmorgen,
teils von neuen Kleidern, teils vom Stiftungsfest.

Hintergrund ein bläulichgraues Schweigen.
Auf den kahlen Büschen und den Zweigen
lagert zarter Rauhreif silberweiß.
Auf der grünen Bank am Teich indessen,
völlig zeit- und raum- und weltvergessen,
küssen sich zwei Menschenkinder glühend heiß.

Auf dem Rasen, wie ein Strauß von Blütchen,
liegt ein Schleier und ein rosa Hütchen,
und ein weißer Pudel hält getreue Wacht.
Seine klugen, schwarzen Augen blinken,
wenn er schaut zur Rechten und zur Linken
in die sacht entfliehende Vorfrühlingsnacht.

Schlaft, ihr Spießer, in den Nachtquartieren,
denn euch würde schier zu Eis gefrieren
das verkalkte Blut bei diesem Kuß.
Herrlich ist solch junges Liebesleben,
ganz von Herzen nehmen und sich geben. –
Wilde Enten schnattern ihren Morgengruß. –

Flucht

Es plagt mich oft in meiner Kammer
ein Schnaps- und Weltenkatzenjammer.
Dann strebt zum Dach empor mein Sinn,
nach irgendwo – wer weiß wohin.
Ich sehne mich nach ferner Ruh
und stopf' die Türenritzen zu,
beginne dann mich auszuziehn,
beschmiere mich mit Guttalin
und klimm' empor am Ofenrohr.
So täusch' ich mir den Urwald vor.

Für geistige Kahlköpfe

Wer selber barfuß geht, verzeiht
dem Nächsten seines Kopfes Blöße.
An eines Menschen Winzigkeit
erkennt man seine wahre Größe.

Relativität

Es ist im Leben gar nichts wichtig.
Was nennt man falsch? Und was ist richtig?
Nur darin liegt der Unterschied,
durch welche Brille man's besieht.

Landsknechts Trinkspruch

Solche, die im Trüben fischen,
wird der liebe Gott erwischen.
Unsre Freunde sind sie nit.
Ab dafür und weg damit.

Solche, die da Hinternkriechen,
werden immer übel riechen.
Mit den Bürschlein sind wir quitt.
Ab dafür und weg damit.

Speichellecker, Leisetreter,
Frömmler, Mucker und Verräter,
schmeißt sie raus mit einem Tritt.
Ab dafür und weg damit.

Solchen, die da aufrecht stehen,
schnurgeraden Weges gehen,
wenn der Teufel Feuer speit,
sei ein volles Glas geweiht.

Pensionierte Sittlichkeit

Es war einmal ein Auerhahn,
der hatte seine Pflicht getan,
acht Jahre lang und noch viel mehr,
dann ward der Dienst ihm etwas schwer.
Kein Ding auf Erden ewig dauert,
er hatte eben ausge-auert.
Nun ließ er seine Blicke schweifen
betrübt zu all den Ordensschleifen,
Diplomen und den Ehrenpreisen,
die er er-auert einst auf Reisen.
Was halfen ihm jetzt all die Prämien?
Er mußt' sich vor den Hühnern schämien.
Kein Hafer und kein Sellerie
entlockte ihm ein Kikeriki.
Es klang jetzt wie ein heisres Quieken
sein einst so frohes Kikerikieken.
Und alle Hennen, alle Glucken,
die waren darob baß erschrucken.
So stand er traurig wie Piek sieben
im Kreise seiner Hühnerlieben.
Man hat den Enterich gebeten,
den Hahn einstweilen zu vertreten.
Was kümmert sich das Federvieh
um Sittlichkeit und Bigamie.
»Jawoll«, sprach stolz der Enterich.
»Die Kleinigkeit besorge ich.«
Am Zaun stand nun der Auerhahn
und sah voll tiefer Trauer an,
wie seine Hennen, seine Glucken,
ohn' mit der Wimper nur zu zucken,
im Gegenteil, noch mit Frohlucken
sich von dem Entrich ließen ducken.
Verächtlich tät der Hahn ausspucken:
»Pfui Teufel, ja so sind die Glucken.«
Dann kam der böse Bauer an
und schnappte sich den Auerhahn

und sprach: »Du oller Veteran
wirst höchstens für die Suppe taugen.«
Dann schlossen sich zwei Hühneraugen.
Was ist des Lebens ganze Mühe?
Ein kleiner Topp voll Hühnerbrühe! –

Nörgler hinterm Ofen

Der Herbst ist da. Ach ja, man konnt' es ahnen.
Rings grau in grau. Verschwunden ist das letzte Grün.
Die Bäume stehn wie Masten ohne Fahnen,
die welken Blumen schon ans Sterben mahnen.
Wer weiß, wer weiß, ob sie noch jemals wieder blühn.

Der Herbst ist da. Ach ja, nun muß man frieren.
Der letzte Brocken Kohle wird zum Teufel gehn.
Die Zeit ist schlecht. Man muß den Mut verlieren.
Sogar die kleinen Vögel emigrieren.
Wer weiß, wer weiß, ob wir sie jemals wiedersehn.

Der Herbst ist da. Ach ja, in großen Scharen
ziehn düstre Wolken über diese trübe Welt.
Bald fällt der Schnee. Ich bin mir nicht im klaren,
ob dieser Schnee so echt ist wie vor Jahren.
Wer weiß – vielleicht wird er synthetisch hergestellt.

Die Frigide

Ich bin so blasiert, eine eiskalte
und ultrafrigide Person.
Mein Herz ist genau wie die Spalte
des Gletschers der Eisregion.
Vielleicht bin ich noch gar nicht geboren.
Wer weiß – vielleicht bin ich schon tot.
Raunt man mir verliebt in die Ohren,
dann sage ich müd: Idiot.
Für mich kommt ein Mann nicht in Frage,
vor Frauen graust mir noch mehr.
Ich verbring' meine Nächte und Tage
als lebender Frigidär.
Ich bin keine Hermaphroditin.
Ich bin ein verbauter Apparat.
Ich bin eine echte Frigidin,
von Geburt – Sexualdemokrat.

Mann im Restaurant

Im Restaurant, da sitzt ein Mann
ganz einsam und verlassen.
Die Kellner gehn in langer Reih'
im Gänsemarsch an ihm vorbei
und sehn ihn von der Seite an,
als würden sie ihn hassen.
Ich schau mir mal den Ärmsten an.
Was hat denn bloß der Mann getan,
daß ihn die Kellner meiden?
Bedient sind alle Gäste rings,
doch dieser Mann bleibt liegen – links,
den kann kein Kellner leiden.
Es rauscht vorbei die Gegenwart,
dem Mann wächst schon ein Knebelbart,
er ist kaum noch zu retten.
Die Kellner kümmert das 'nen Dreck,
sie stehen müßig rum im Eck,
und spieln mit den Servietten.
Der Mann sitzt da ganz isoliert,
bis er verhungert und erfriert.
Vielleicht sitzt er noch heute.
Ich zahle, gehe, und ich find',
daß manches Mal die Kellner sind
sehr sonderbare Leute.

Großstadt im Dunkeln

Jetzt sieht man erst, wie schön ein Abendhimmel ist,
der sonst von Lichtreklamen überblendet war.
Die hellsten Bogenlampen scheinen trüb und trist,
wenn man zum Firmament emporschaut und genießt
den goldnen Schein der Sterne, blitzeblank und klar.

Jetzt ahnt man erst, wie groß und weit die Ewigkeit.
Am Abendhorizont, o Großstadtmensch, erkenn,
wie nichtig kurz die Spanne deiner Lebenszeit.
Die Größe mahnt uns Menschen zur Bescheidenheit.
Das alles ahnt man, wenn der Vollmond scheint. –
Ja, wenn – –

Jetzt weiß man erst, wie seltsam ein Briefkasten schmeckt,
denn in der Dunkelheit droht mancherlei Gefahr.
Man hat am Himmelszelt den Abendstern entdeckt
und ist auf Erden mit dem Schädel angeeckt.
Auch ohne Licht gibt's Schatten. – Ach, wie sonderbar.

Legende

An einem Sonntag stieg der Herrgott mal
vom Wendelstein hinab ins Isartal.
Er ging bis Ammerland und sah die sanften Höh'n.
»Potz Tausend,« rief er. »Kinder, ist das schön.
Vom weiten Marsch tun mir die Füße weh.
Hier fehlt zum Baden noch ein schöner See.«
Der Herrgott rief: »Wohlan, ihr Engelein,
kommt alle her und pinkelt hier hinein.«
Die Engel hoben ihre Röcklein in die Höh –
und so entstund der Starnberger See.
Tags drauf sah Petrus drunten all die Pracht,
strich seinen Bart und brummt: »Das hat er fein gemacht.«

Ferienbilanz

Der Koffer steht zur Abfahrt marschbereit,
trübsinnig stiert er in des Zimmers öde Leere.
Halt, oller Freund, noch sind wir nicht so weit,
da in dem Schiebfach liegt noch eine Kleinigkeit,
ein paar beschmierte Bogen, meine Bürste und die Schere.

Man kramt und grübelt dann noch eine kurze Zeit,
besieht die Rechnung seufzend und betastet sich von innen.
Man ist nicht recht betrübt und auch nicht ganz erfreut,
man schwankt so zwischen Zukunft und Vergangenheit,
ein Bein ist nicht ganz draußen und das andre nicht ganz drinnen.

Man tröstet sich. Das Gestern wird erst morgen nett.
Durch die Vergangenheit vertalmigoldet sich das Leben.
»Mensch, döse nicht,« mahnt in der Tasche das Billett.
Man greift zum Stock und Hut nebst Mantel – so man einen hätt'.
Dann folgt das obligate Pfötchen und das Trinkgeld geben.

Von fern winkt das Büro und auch der Stammtischplatz.
Im Koffer schnarcht verknautscht des Sommers weiße Hose.
Ein Abschiedsliedchen pfeift vom Dach der Spatz.
Die Ferien waren wieder einmal für die Katz.
Am Grabenrand blüht schon die erste Herbstzeitlose.

Saure Gurken

An glühendheißen Tagen plagen
mich manchmal ganz verzwickte Fragen.
So frag' ich schwitzend mich vor Kummer:
Was macht ein Kohlenmann im Summer?

Amtsschimmelgestüt

Ein Prinzip hatte seinen Reiter verloren
und mich dafür als Ersatz auserkoren.
Ich aber dankte mit höflichem Gruß:
Wozu ein Prinzip? Ich geh' prinzipiell zu Fuß.

Gruß an de kalte Haimat

De Maenner droben in Pillkallen
sind innen wäich – un schäinen außen roh.
De Hundchen baellen, un de Nachtigallen,
de pfäifen hier viel wäicher als wie anderswo.
Un de Marjaellchens droben in Gumbinnen
sind läidenschaftlich – auch zur Winterszäit.
Sind fäirig wie de dollsten Spanjerinnen.
Se strotzen so vor lauter Sinnlichkäit.
Wer das nich glaubt – der Lorbaß is ein Flejel.
Besingt der Ostermann den Rhäin auch noch so lang –
ihr habt den Rhäin – wir haben unsern Prejel.
Un den, den nimmt uns käiner. Gott säi Dank! –

Stilleben

Durch das Fenster blinzelt Morgensonne,
füllt mit goldnem Glanz das Kämmerlein.
Auf dem Stuhl tickt umgekippt ein Wecker.
Tiefes Schnarchen mischet sich darein.

An der Lehne baumelt eine Hose,
und sie stöhnt und windet sich vor Qual.
Es vereint zum Ganzen sich harmonisch
Ticken – Schnarchen – Morgensonnenstrahl.

Auf dem Boden einsam liegt ein Stiefel.
Daneben gähnt ein leeres Portemonnaie.
Vor dem Bette jammert ein Zylinder,
neben ihm ruht still ein großer See.

In dem Bett, am Fußend', ruht ein Schädel.
Mit dem Hals ein Schlips um Freiheit ringt.
Gegenüber, auf des Kopfes Kissen,
ein bestrumpfter Fuß zu Tage dringt.

Auf dem Fußend' steht ein großer Globus,
und zwei Hände fassen rücklings ihn.
Und zwei Lippen murmeln: »O, mein Schädel.« –
Und die Sonne grinst mit froher Mien'.

Leise lallt es: »Ober, noch 'ne Runde.
Schluß wird nich jemacht, ihr Lumpenpack!« –
Einem Seligen schlägt keine Stunde.
Und der Wecker macht tick-tack, tick-tack!

Lyrik unterm Regenschirm

Ich saß am Hesselohersee,
es tröpfelt–e und tröpfelt–e.
Ich dachte mir: Wie wunderbar
gegen heut' der vorige Sonntag war,
als sanft die Sonne lagert–e
wohl auf dem blitzeblanken See.
Wie wäre es auf Erden fein,
könnt' es doch ewig voriger Sonntag sein.
Wie sang schon einst so wunderschön
der Trompetersmann von Säckin-gen:
Es ist gar häßlich eingericht',
drum gibt's kein' ewig vorigen Sonntag nicht! –
Am Tische saß ein Mann gerad',
der Kreuzworträtsel lösen tat.
Im Rasen spielt ein blondes Kind,
ein Kranz in seinen Locken hing.
Sein Antlitz war so zart und fein,
so zart und fein wie Elfenbein.
Ein Schwan durchschwante kühn den See,
ein Vöglein mich bekleckert–e,
die Geige schluchzte in die Höh',
mein Herz ergriff ein leises Weh.
Ich saß am Hesselohersee,
es tröpfelt–e und tröpfelte–e – – –

Liebe und Heuschnupfen

Es blühn die Akazien und Linden,
die Nachtigall singt: Tirilie.
Die Maid schwärmt von »Herzen sich finden«.
Der Jüngling niest dauernd »Hatschi!«
Was nützt alles Blühen und Sprießen
und die herrlichste Lenzpoesie?
Sie legt ihm ihr Herzchen zu Füßen,
er gibt ihr als Antwort »Hatschi!«
Es waren zwei Königskinder,
die setzten sich nieder ins Moos.
Sie konnten zusammen nicht kommen,
sein Heuschnupfen war viel zu groß.

So ist das Leben

Ein Karren steckt im Straßendreck
und rührt und regt sich nicht vom Fleck.
Das Pferdchen zieht mit Allgewalt,
der Fuhrknecht mit der Peitsche knallt.
Die Achse kracht, die Deichsel bricht,
der Wagen rührt und regt sich nicht.
Zwei Männer stehn voll Seelenruh
am Straßenrand und schauen zu.
Greift jemand in die Speichen ein?
Ach, keine Spur. I wo. O nein.
Der Fuhrmann kommt darob in Wut,
er zückt die Peitsche, zückt sie gut
und peitscht damit ganz hundsgemein
nun auf das arme Rößlein ein.
Jetzt werden auch die Männer wach,
und es entsteht ein großer Krach.
Sie schrein mit Fug und Recht empört:
»Der grobe Kerl. Das arme Pferd.«
Sie greifen auch sofort zur Tat.
Sie greifen, aber nicht ins Rad,
o nein, gleich an den Hals dem Knecht,
verprügeln ihn ganz kunstgerecht,
zertrümmern ihm das Nasenbein.
Heißt Überschrift: »Tierschutzverein«.
Und du und ich – und ich und du,
wir stehn dabei – und schauen zu.

Unzulänglichkeit

Was Gott tut, das ist wohlgetan,
das stimmt in vielen Regeln.
Er lenkt den Stern in seiner Bahn,
er lenkt den Strom zum Ozean,
er lenkt den Mensch in seinem Wahn,
er lenkt sogar des Tigers Zahn,
nur nicht den Ball beim Kegeln.

Schadenfreude

Frei nach Schiller

Gefährlich ist's, den Leu zu wecken,
verderblich ist des Tigers Zahn,
jedoch der schrecklichste der Schrecken
ist nicht der Mensch in seinem Wahn –
sondern:
Einer Nackttänzerin vor dem Auftreten
den Zwickel zu verstecken.

Unsterblichkeit

Die schlimmste Krankheit ist kurierbar,
einnehmbar, injizierbar oder schmierbar.
Das größte Leiden ist zu stillen,
nur: Doof bleibt doof, da helfen keine Pillen.

Das Gummiband

Ein Mann steht vor dem Warenhaus.
Die Menschen gehen ein und aus.
Sie gehen aus – sie gehen ein.
Der Mann steht draußen ganz allein
mit einem Hündchen an der Hand.
Die Frau kauft drin ein Gummiband.
»Ein kleines Stückchen Gummiband
brauch ich,« so sprach sie – und verschwand.
Zuvor gab sie ihm ganz scharmant
die Hundeleine in die Hand,
lächelt' sehr freundlich und verschwand.
Nun kauft sie drin das Gummiband.
Die Glocke schlägt die Mittagsstund.
Der Mann steht draußen mit dem Hund
und wartet vor dem Warenhaus.
Die Menschen gehen ein und aus.
Sie gehen aus – sie gehen ein.
Der Mann steht draußen ganz allein,
die Hundeleine in der Hand.
Die Frau kauft drin ein Gummiband.
Der Mann geht wartend hin und her,
sein Magen knurrt – ihn hungert sehr.
Er wandelt her – er wandelt hin,
der Bart sprießt ihm schon aus dem Kinn.
Die Glocke schlägt die Vesperstund.
Der Mann steht draußen mit dem Hund
und wartet vor dem Warenhaus.
Die Menschen gehen ein und aus.
Sie gehen aus – sie gehen ein.
Der Mann steht draußen ganz allein,
die Hundeleine in der Hand.
Die Frau kauft drin ein Gummiband.
Dem Manne wuchs bereits ein Bart.
Der Hund hat sich indes gepaart.
Es brach die dunkle Nacht herein.
Noch immer steht der Mann allein,

die Leine in der welken Hand,
lallt wie im Fieber: »Gummiband«.
Er wankt mit schlotternd müden Knien –
halb zieht er ihn – halb sinkt er hin.
Es flimmert vor den Augen ihm.
Die Glocke schlägt dreiviertel siem.
Da huscht sie leichtbeschwingt hinaus
zu Mann und Hund vors Warenhaus.
Sie lacht mit strahlend heller Mien'.
»Hast du gewartet?« fragt sie ihn.
Er murmelt schwer und lebensmüd:
»O nein.« Dann seufzt' er – und verschied.
So gingen denn ein Mann nebst Hund
an einem Gummiband zu Grund.

Syrupsonntag

Lülam feiert seinen Sonntagsfrieden
meist ab vier Uhr mittags in der Regel,
wenn die andern Sterblichen hienieden
ziehen in die Welt hinaus mit Kind und Kegel.
Alles das, was irdisch, achtet er gering,
sitzt mit seiner Syrupsemmel in der Hand,
sinnt und sonnt und sammelt sich als Sonderling,
sozusagen Sonntagssyrupsemmelsammelsimulant.
An dem grünen Waldessaum ein Lämmlein meckert,
einen Reigen tanzen Selma, Senta, Sonja, Suse.
Lülam sitzt daheim in der Kabuse,
süß vom Syrup und von seiner freien Zeit bekleckert.
Wenn der Kirchendiener zieht am Strang der Glocken,
kehren all die kleinen Menschlein wieder heim.
Aus den Abendsonnenwolken wie aus güldnen Haferflo-
cken
säuselt sanfter, süßer Syrupsonntagsseim.
Hinter all den Fenstern nach und nach verglimmt es,
die Geräusche an dem Filz der Nacht verstummen.
Lülam fragt sich noch bis Mitternacht: »Wie kimmt es,
daß die Fliegen sonntags lauter als an Wochentagen sum-
men?«

Definition

Der Kitsch ist die Phrase in jeglicher Kunst.
Ein lebloses Machwerk, ein rosiger Dunst,
verzuckerte Lüge, volkstümlich frisiert,
ein Rehlein aus Gips mit viel Bronze beschmiert,
papierene Blume aus blühender Flur,
das ist der Kitsch in der Kunst und Kultur.

Erbschaftsgut

Der große Feldherr Wallenstein
ererbte einen Gallenstein
in seiner Jugendzeit bereits
vom Onkel mütterlicherseits.
So hielten es die Wallensteine.
Bei ihnen galten Gallensteine
als sogenannte gute Stücke,
als erbliche Familienschmücke.
Erwirb, besitz und laß es funkeln,
was du ererbt von deinen Unkeln.

Eifersucht

Mein Lieb ist wie ein schöner Garten,
der fern im Märchenlande liegt,
so schlank wie eine Edeltanne,
die schmeidig sich im Winde wiegt.
Den Veilchen gleichen ihre Augen,
die buhlen mit des Himmels Blau.
Weiß wie die Lilie ist ihr Körper,
die kaum erblüht im Morgentau.
Rotbäckig sind die zarten Wangen
wie Äpfel aus dem Paradies,
und erst die weichen, vollen Lippen
sind wie die Kirschen rot und süß.
Nur schade, daß das Herzenspförtchen
mit keinem Schlosse ist versehn.
Was nützt denn solch ein schöner Garten,
wenn andre drin spazieren gehn? –

Man hätte

Man hätte dieses oder jenes unternehmen sollen,
so fängt man über, unter, an und mit sich selbst zu grollen.
Man schleift sich herzlos sozusagen vor ein Selbstgericht
und hört zerknirscht, was innen der gestrenge Richter
spricht.
Man stellt sich schuldbewußt halb opti- und halb pessimis-
tisch
und zwecks Entschuldigung sogar ein bißchen fatalistisch.
Man faßt sich an den Kopf und sucht nach jenem dicken
Brette.
Man hätte.

Man hätte dieses oder jenes unterlassen sollen.
»Nun ist's zu spät,« hört man von innen eine Stimme grol-
len.
Man nimmt sich furchtbar ernst, beschuldigt und beleidigt
sich.
Man lacht sich wieder aus, entschuldigt und verteidigt sich.
In diesem Augenblick ringt man noch über sich die Hände.
Im folgenden Moment sieht man schon ein ganz gutes En-
de.
So streiten sich das Gute und das Böse um die Wette.
Man hätte.

Man hätte dieses oder jenes morgen zu besorgen,
verschiebt es aber heimlich schon auf übermorgen.
Solch stille Einkehr, die ist manchmal wirklich wunderlich,
denn wenn man in sich geht, dann ist man meistens außer
sich.
Auf einer Seite hört man das Gewissen beißend grollen,
und andrerseits hört man den Trost: Es hat so kommen
sollen.
Zum Schlusse geht man mit sich selbst dann halb und halb
zu Bette.
Man hätte.

Gedanken beim Kartoffelbuddeln

Der Winzer erntet seine goldnen Trauben.
Die edle Frucht ist allerwärts begehrt.
Ich denk' bescheiden beim Kartoffelklauben:
Ein jeder erntet, was ihm Gott beschert.

Wo die Zitronen blühn im fernen Süden,
reift die Orange voller Herrlichkeit.
Ihr Dichter, lasset mich damit in Frieden,
der Bratkartoffel sei mein Lied geweiht.

Die Kokosnuß erzählt von hohen Palmen
Romanzen aus der Tropenkolonie.
Wenn hier daheim Kartoffelpuffer qualmen –
das nenn' ich Weihrauch – das ist Poesie.

Ich stütze meine Arme auf den Spaten.
Verdammt – das Bücken fällt beim Buddeln schwer.
Die Pellkartoffeln sind famos geraten.
Nun noch der Hering. Herz, was willst du mehr?

Frisch auf, ans Werk. Das Buddeln hat begonnen.
Man buddelt hier, man buddelt da und dort.
Man buddelt alles an das Licht der Sonnen –
das weiß der Bauer, und das ahnt der Lord.

Gleichschaltung

Jeder fasse sich an seine eigne Neese,
jeder fege vor dem eigenen Portal.
Was des einen Veilchen, ist des andern Käse,
und im Himmel riechen alle ganz egal.

Über tredition

Eigenes Buch veröffentlichen

tredition wurde 2006 in Hamburg gegründet und hat seither mehrere tausend Buchtitel veröffentlicht. Autoren veröffentlichen in wenigen leichten Schritten gedruckte Bücher, e-Books und audio-Books. tredition hat das Ziel, die beste und fairste Veröffentlichungsmöglichkeit für Autoren zu bieten.

tredition wurde mit der Erkenntnis gegründet, dass nur etwa jedes 200. bei Verlagen eingereichte Manuskript veröffentlicht wird. Dabei hat jedes Buch seinen Markt, also seine Leser. tredition sorgt dafür, dass für jedes Buch die Leserschaft auch erreicht wird.

Im einzigartigen Literatur-Netzwerk von tredition bieten zahlreiche Literatur-Partner (das sind Lektoren, Übersetzer, Hörbuchsprecher und Illustratoren) ihre Dienstleistung an, um Manuskripte zu verbessern oder die Vielfalt zu erhöhen. Autoren vereinbaren direkt mit den Literatur-Partnern die Konditionen ihrer Zusammenarbeit und partizipieren gemeinsam am Erfolg des Buches.

Das gesamte Verlagsprogramm von tredition ist bei allen stationären Buchhandlungen und Online-Buchhändlern wie z. B. Amazon erhältlich. e-Books stehen bei den führenden Online-Portalen (z. B. iBookstore von Apple oder Kindle von Amazon) zum Verkauf.

Einfach leicht ein Buch veröffentlichen: **www.tredition.de**

Eigene Buchreihe oder eigenen Verlag gründen

Seit 2009 bietet tredition sein Verlagskonzept auch als sogenanntes "White-Label" an. Das bedeutet, dass andere Unternehmen, Institutionen und Personen risikofrei und unkompliziert selbst zum Herausgeber von Büchern und Buchreihen unter eigener Marke werden können. tredition übernimmt dabei das komplette Herstellungs- und Distributionsrisiko.

Zahlreiche Zeitschriften-, Zeitungs- und Buchverlage, Universitäten, Forschungseinrichtungen u.v.m. nutzen diese Dienstleistung von tredition, um unter eigener Marke ohne Risiko Bücher zu verlegen.

Alle Informationen im Internet: **www.tredition.de/fuer-verlage**

tredition wurde mit mehreren Innovationspreisen ausgezeichnet, u. a. mit dem Webfuture Award und dem Innovationspreis der Buch Digitale.

tredition ist Mitglied im Börsenverein des Deutschen Buchhandels.

Dieses Werk elektronisch lesen

Dieses Werk ist Teil der Gutenberg-DE Edition DVD. Diese enthält das komplette Archiv des Projekt Gutenberg-DE. Die DVD ist im Internet erhältlich auf **http://gutenbergshop.abc.de**

Der Verlag tredition aus Hamburg veröffentlicht in der Rei
TREDITION CLASSICS Werke aus mehr als zwei Jahrtause
den. Diese waren zu einem Großteil vergriffen oder nur no
antiquarisch erhältlich.

Die Buchreihe dient zur Bewahrung der Literatur und Förderu
der Kultur. Sie trägt so dazu bei, dass viele tausend Werke ni
in Vergessenheit geraten.

Symbolfigur für TREDITION CLASSICS ist Johannes Gute
berg (1400 – 1468), der Erfinder des Buchdrucks mit Meta
lettern und der Druckerpresse.

Mit der Buchreihe TREDITION CLASSICS verfolgt traditio
das Ziel, tausende Klassiker der Weltliteratur verschieden
Sprachen wieder als gedruckte Bücher aufzulegen – und d
weltweit!

Alle Werke dieser Reihe sind jeweils als Paperback- und a
Hardcover-Ausgabe erhältlich. Weitere Informationen zu dies
einmaligen Buchreihe und über den tredition Verlag unte
www.tredition.de

€ 12,90 [D]

ISBN 978-3-8495-2984-0

9783849529840

tredition®

OHANN MEYER

TREDITION CLASSICS

lattdeutsche lyrische
Gedichte